Ute Baumhackl/Hannes Bohaumilitzky
Weltkulturerbe Österreich

© 2002 Steirische Verlagsgesellschaft m. b. H.

Alle Rechte vorbehalten

Kein Teil des Werkes darf in irgendeiner Form (durch Fotografie, Mikrofilm oder ein anderes Verfahren) ohne schriftliche Genehmigung des Verlages reproduziert oder unter Verwendung elektronischer Systeme verarbeitet, vervielfältigt oder verbreitet werden.

Umschlaggestaltung: H. Knappitsch

Layout: Peter Eberl

Druck: LeykamDruck, Graz

Gesamtherstellung:

Steirische Verlagsgesellschaft m. b. H.

ISBN 3-85489-080-X

Ute Baumhackl/Hannes Bohaumilitzky
Weltkulturerbe Österreich

STEIRISCHE VERLAGSGESELLSCHAFT

Inhaltsverzeichnis

Weltkulturerbe Schönbrunn	6-17
Weltkulturerbe Wien	18-33
Weltkulturerbe Wachau	34-45
Weltkulturerbe Neusiedlersee	46-55
Weltkulturerbe Semmering	56-63
Weltkulturerbe Graz	64-75
Weltkulturerbe Hallstatt-Dachstein/Salzkammergut	76-85
Weltkulturerbe Salzburg	86-96

Weltkulturerbe Österreich

Die UNESCO-Konvention zum Schutz des Kultur- und Naturerbes der Welt

Die „Welterbekonvention" wurde 1972 von der Generalkonferenz der UNESCO beschlossen, um jenes „natürliche und kulturelle Erbe" auszuwählen und in einer „Liste des Welterbes" zu erfassen, das von außergewöhnlichem Interesse und Wert für die gesamte Menschheit ist. Die Liste liegt bei der UNESCO in Paris auf. Ziel der Konvention ist es, in Zusammenarbeit zwischen allen Völkern einen wirksamen Beitrag zum Schutz dieses „Welterbes" zu leisten.

Der Konvention sind bereits 158 Staaten beigetreten. Insgesamt 690 „Objekte" in 122 Staaten wurden bisher in die Liste des Welterbes eingetragen: davon 529 „Objekte" des Kulturerbes, 138 des Naturerbes und 23, auf die beides zutrifft (Stand: 30. 11. 2001). Österreich ist seit 1992 Mitglied dieser Konvention.

Mit der Unterzeichnung der Konvention verpflichtet sich jedes Land dazu, die innerhalb seiner Landesgrenzen gelegenen, in die Welterbeliste eingetragenen Denkmäler von außergewöhnlicher, weltweiter Bedeutung zu schützen und zu bewahren. Dabei erhalten die Länder nach Maßgabe der Möglichkeiten auch finanzielle, technische oder beratende Unterstützung. Zu diesem Zweck wurde auch ein „Fonds für das Welterbe" geschaffen.

Eine Aufnahme in die Liste erfolgt nur über Antrag des betreffenden Staates. Ein „Komitee für das Welterbe", bestehend aus Experten aus 21 Ländern, entscheidet endgültig über Aufnahme oder Ablehnung eines Antrages. Das Komitee tritt einmal jährlich zusammen.

*Begründung der Aufnahme
von Schloss Schönbrunn:*

„*Das Komitee ... beschied der Anlage besondere universelle Bedeutung als überaus gut erhaltenes Beispiel einer fürstlichen Barockresidenz, die ein überragendes Gesamtkunstwerk darstellt. Außergewöhnlich sind das Schloss und sein Garten vor allem aufgrund der im Laufe von Jahrhunderten angebrachten Veränderungen, die über Geschmäcker, Interessen und Streben der Habsburgermonarchen beredtes Zeugnis ablegen.*"

Weltkulturerbe Österreich
Schönbrunn

Weltkulturerbe Österreich
Schönbrunn

Maria Theresia was here

Im Herbst 1918 saß ein gewisser Herr Habsburg an einem Schreibtisch. Eben hatte er seine Unterschrift unter ein Dokument gesetzt und damit aufgehört, Kaiser Karl I. von Österreich, Besitzer des Schreibtischs und des ihn umgebenden Schlosses Schönbrunn zu sein. Wenig später verließ er Schönbrunn und das Land und brach auf zu einer Reise, deren Endstation Madeira heißen sollte.

Fast 500 Jahre vorher war seine Familie in den Besitz eines Jagdschlosses in der Nähe von Wien gelangt. Unweit des Katterburg genannten Anwesens nahe dem Dorf Hietzing soll Kaiser Matthias eine Quelle entdeckt haben, deren Wasser so köstlich war, dass man den Ort „Schönbrunn" nannte. Während der Türkenbelagerung von 1683 wurde das ursprüngliche Schloss zerstört. Mit der Planung des Neubaus wurde Johann Bernhard Fischer von Erlach beauftragt; 1693 entwarf er erst einmal eine Anlage, die prächtiger war als alle anderen Schlösser in Europa und noch größer als Versailles. Sein Auftraggeber Leopold I. reagierte wie moderne Bauherren auch: Er pfiff seinen Architekten zurück und ließ sich für das neue Lust- und Jagdschloss einen günstigeren Entwurf erstellen. Das Ergebnis nach dem zweiten Anlauf: Fischer von Erlachs vielleicht bekanntester Profanbau und mit Sicherheit eines der

Farbwechsel und andere Kalamitäten

Ist Schloss Schönbrunn überhaupt noch schönbrunngelb? Die zahlreichen Renovierungsmaßnahmen der letzten Jahrzehnte könnten dazu geführt haben, dass die intensiv gelbe Farbe, die in Österreich genauso eindeutig mit dem Schloss identifiziert wird wie die leicht nasale Dialektfärbung des Schönbrunner Deutsch mit den „foinen Loiten", ausgerechnet am Ursprungsort nicht mehr unverfälscht zu erleben ist. Schuld sind, sagen wir, vermutlich auch die vielen Besucher und Bewunderer. Die richten im Schloss nämlich gehörigen Schaden an. Halten sich mehrere Tausend Menschen gleichzeitig in Schönbrunn auf, werden deren Atemluft, Schweiß und nasse Regenkleidung zum Problem – und die erhöhte Luftfeuchtigkeit greift Wände, Tapeten und Möbel an; auch die teilweise kostbar ausgeführten Holzfußböden leiden unter der starken Beanspruchung. Bei Besichtigungsrouten durch die prunkvollen Räume kann man derlei eben nicht vermeiden. Andere – weniger interessante – Gebäudeteile, die bis dahin größtenteils für die Verwaltung genutzt worden waren, sind hingegen längst durch „Privatisierung" stillgelegt: Sie wurden umgebaut und als Wohnungen vermietet.

12 *Gloriette*

Weltkulturerbe Österreich
Schönbrunn

Römische Ruine, Schlosspark

Schlosspark

Vogelkäfig, Schlosspark

schönsten Beispiele für die Baukunst des Hochbarock. Elemente des Rokoko und des Klassizismus finden sich heute dennoch überall im Schloss, fast jeder seiner kaiserlichen Bewohner – von Karl VI. bis zu Franz Joseph I. – adaptierte den Bau nach seinen Bedürfnissen und drückte ihm so seinen Stempel auf. Den wichtigsten der vielen Um- und Ausbauten führte Mitte des 18. Jahrhunderts Nikolaus Pacassi durch – und zwar im Auftrag von Kaiserin Maria Theresia, die nach einem sommerlichen Aufenthalt soviel Gefallen an dem Schloss fand, dass sie anordnete, „dass solches nicht nur reparirt, sondern auch erweitert und zu bequemen Unterbringung der Hof Statt ausgebaut werden solle" und mit der ganzen Familie dorthin übersiedelte. Große Teile der Innenausstattung, etwa die prächtigen Bergl-Zimmer, gehen auf sie zurück.

Schönbrunn als monumentalstes und bedeutendstes der kaiserlichen Schlösser zählt heute zu den wichtigsten Sehenswürdigkeiten Wiens. Rund 1,5 Millionen Besucher verzeichnet allein das Schloss pro Jahr, zirka zwei Drittel aller Wien-Touristen kommen hier her.

14 Palmenhaus

Weltkulturerbe Österreich
Schönbrunn

Palmenhaus

Das Schloss mit seinen mehr als 1440 Sälen und Zimmern, mit der Großen und der Kleinen Galerie, mit Ehrenhof und Brunnenanlagen, mit Wagenburg und Schlosstheater und Irrgarten und Palmenhaus und Gloriette liegt auf einer Fläche von 185 Hektar und wird von einem ausgedehnten französischen Garten eingefasst. 300.000 Pflanzen werden hier jedes Jahr ausgesetzt und von rund 10 Millionen Besuchern bewundert.

Eine eigene Attraktion stellt der Tiergarten Schönbrunn dar, 1752 gegründet und der vermutlich älteste der Welt. Im Jahr 1828 löste die erste Giraffe, ein Geschenk des Vizekönigs von Ägypten, unter der Wiener Bevölkerung eine Massenhysterie aus, wie sie heutzutage nur noch singenden Boygroups und anderen Phänomenen der Populärkultur zuteil wird. Zu Ehren des afrikanischen Popstars in der Menagerie wurde in Wien sogar ein eigener „Giraffenball" veranstal-

16 Tiergarten

Weltkulturerbe Österreich
Schönbrunn

Tiergarten, Verwaltungsgebäude

Tiergarten, Vogelgehege

tet, dessen Ehrengast der Wärter des seltsamen Tiers war.

Gern gefeiert hat man in Schönbrunn übrigens immer: Nicht nur die Habsburger hielten hier ihre Feste ab, seit Ende der Monarchie wurde und wird das Schloss auch von der Republik als Repräsentationsort für Bankette und Empfänge genutzt.

Den Wienern selbst sind die weitläufigen Parkanlagen vermutlich am wichtigsten. Jogger und Skater bevölkern die Gehwege, vor den unzähligen Statuen lagern ermattete Touristen und in den verschwiegenen Alleegewölben raunen einander Liebespaare Dinge zu, die den Rest der Welt aber schon so was von überhaupt nichts angehen ...

Weltkulturerbe seit: 1997

www.schoenbrunn.at

Wichtigste Baumeister: Fischer von Erlach, Nikolaus Pacassi

Berühmteste Bewohner: Maria Theresia, Napoleon (zweimalige Besetzung!), Franz Joseph & Sisi

Events: Schönbrunn bietet ein breites Spektrum an geführten Touren und darüber hinaus Veranstaltungen wie die „Schönbrunner Schlosskonzerte", das „Marionettentheater Schönbrunn" oder die „Schönbrunner Panorama Bahn". Für Kinder gibt es seit einiger Zeit eigene Besichtigungsprogramme.

Quizfrage: Wie heißt Schloss Schönbrunn auf englisch? Schounbraun Palace! Wer's nicht glaubt: Nachlesen auf www.triviaweb.co.uk

Begründung der Aufnahme der Wiener Innenstadt:

„Die städtischen und architektonischen Qualitäten des historischen Zentrums von Wien legen beredtes Zeugnis ab vom ständigen Wertewandel während des zweiten Jahrtausends ... Drei Schlüsselperioden der kulturellen und politischen Entwicklung in Europa – Mittelalter, Barock und Gründerzeit – sind durch das kulturelle und architektonische Erbe des historischen Zentrums von Wien außerordentlich gut abgebildet ... Bereits seit dem 16. Jahrhundert galt Wien allgemein als die musikalische Hauptstadt Europas."

Weltkulturerbe Österreich
Wien

Weltkulturerbe Österreich
Wien

Wean, du bist a Taschenfeitel ...

Naturhistorisches Museum

Hofburg

... unter a'm Himmel aus Schädelweh" sangen einst Helmut Qualtinger und André Heller. An Wien, soviel ist sicher, muss man leiden, und das möglichst großspurig, sonst gilt's nix. Diese seltsame Art von Melancholie gründet sich wohl auf dem auch nicht umzubringenden Gefühl vergangener und natürlich ungerechterweise verlorener Größe, das den Wiener begleitet und fatalerweise auch umgibt. Die wienerischste aller Lebenseinstellungen: „Ana hot immer des Bummerl ..." Aber auf Wien selbst trifft sie bestimmt nicht zu.

Eine mittelgroße und mittellangweilige Metropole irgendwo in Europa, das wäre Wien heute, hätte die Stadt nicht jahrhundertelang im politischen Konzert Europas ganz vorne und oft ganz schön laut mitgefiedelt.

Die einstige Haupt- und Residenzstadt Wien genoss als politisches und geistiges Zentrum der österreichisch-ungarischen Monarchie lange Zeit überragende Bedeutung. Von Wien aus regierten die Habsburger ein Weltreich, das machte die Stadt reich und bedeutsam, und noch heute zehrt Wien von dieser Vergangenheit. „Wiens Vergangenheit ist integrierender Bestandteil von Wiens Gegenwart – nicht nur in einem kulturtouristischen Sinn, sondern als Teil der Lebenswelt", formuliert das Bundesdenkmalamt nobel.

22 *Karlskirche*

Weltkulturerbe Österreich
Wien

Hofburg, Michaelertor

Gilt das auch für die Straßenhändler, die mit Rokokokostümen angetan, vor dem Stephansdom Konzertkarten für klassische Potpourriprogramme feilbieten? Sich auf die Tradition zu berufen, ist hier leichter als anderswo. Deswegen drehen auf der Ringstraße noch immer die Fiaker ihre Runden, auch wenn sie den Autoverkehr behindern und der Geruch der Pferdeäpfel die sommerliche Stadt imprägniert, deshalb dürfen, ja vielleicht: sollen Kaffeehauskellner grantig sein, und deshalb ist es immer in Ordnung, auf dem Opernball zu tanzen.

Die Residenzstadt Wien war immer auch eine Stadt der wohlhabenden Leute, der Großbürger und des Adels, und das hat sich dem Stadtbild eingeschrieben: Der größte Teil des ersten Bezirks und seine Ausläufer sind voll mit prachtvollen Stadthäusern und Palais, mit Kirchen und Klöstern und Repräsentationsbauten, der frühere Prunk der Straßen und Plätze hat sich in die

Wienbilder

Seltsamerweise ist des Österreichers Bild vom historischen Wien mitgeprägt durch amerikanische Sichtweisen. Carol Reed inszenierte mit dem Schieberkrimi „Der 3. Mann" 1949 eine gotisch-düstere Stadt in Schwarzweiß; Richard Linklater rund 50 Jahre später in der Slacker-Romanze „Before Sunrise" eine lieblich weich ausgeleuchtete Schmusestadt. Weitaus interessanter, weil weniger lackiert und romantisiert erscheint Wien im zeitgenössischen österreichischen Film; in Harald Sicheritz' Groteske „Muttertag" genauso wie in Wolfgang Murnbergers „Komm, süßer Tod" oder Barbara Alberts „Nordrand".

Rathaus

26 Parlament

Weltkulturerbe Österreich
Wien

Parlament

Fiaker

Johann-Strauss-Denkmal

Jetztzeit herübergerettet, und die in weiten Teilen erhaltene Metropole des 19. Jahrhunderts wird in allen Reiseführern gepriesen.

„Wien, du bist a oide Frau" – das ist auch so eine Liedzeile von Qualtinger/Heller, und ihr lässt sich bei aller Höflichkeit schlecht widersprechen. Die ältesten Fundstücke im Wiener Raum weisen darauf hin, dass hier bereits vor 5000 Jahren eine Siedlung existierte; als vor rund 2000 Jahren die Römer einfielen, errichteten sie ein Kastell mit Namen Vindobona – ein offenbar bedeutendes Lager, das von mehreren römischen Kaisern besucht wurde.

Einer, der Philosoph Mark Aurel, soll längere Zeit hier gelebt haben und auch in Vindobona gestorben sein. Um 395 wurde die Stadt durch einen Großbrand zerstört; erst 881 wird dann „Wenia" urkundlich erwähnt, gelangt erst unter

Weltkulturerbe Österreich
Wien

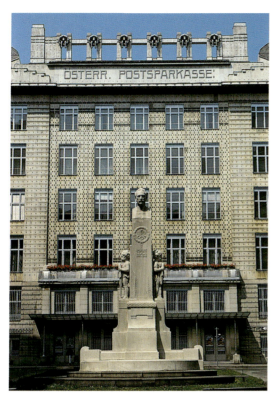

Postsparkasse

Karlsplatz, Otto-Wagner-Station

die Herrschaft der Babenberger, um 1278 an die Habsburger zu gehen – und zwar gleich für 640 Jahre. Die Habsburger gründeten eine Universität, bauten – neben dem Stephansdom – Kirchen noch und nöcher, errichteten den einen oder anderen Palast und machten Wien zur Hauptstadt und damit zum kulturellen und politischen Zentrum eines Reichs, in dem eine Zeit lang sprichwörtlich die Sonne niemals unterging. Die Zeiten waren dennoch finster genug. Erbstreitereien und Türkenbelagerungen bedrohten die Stadt, erst mit der Herrschaft Maria Theresias und ihres Sohnes Joseph II., setzten Industrialisierung und Reformen des Schul- und Gesundheitswesens sowie der Verwaltung ein. Die Folge: eine kulturelle Glanzzeit, in der die Künste (vor allem die Musik) und das Bauwesen gleichermaßen gediehen.

Die Revolution von 1848 löste einen weiteren Entwicklungsboom aus, der Wirtschaft und Kulturleben ankurbelte. 1857 schließlich erlaubte Kaiser Franz Joseph den Abbruch der mittelmittelalterlichen Befestigungsanlagen rund um das Wiener Zentrum.

Mit dem Bau der Ringstraße an ihrer Stelle wurde eine neue Ära eingeleitet, der Stadterweiterung freie Bahn gegeben. Die wirtschaftliche Entwicklung der Folgezeit zeigt sich anhand der Bevölkerungszahlen: 1857 hatte Wien 430.000 Einwohner, 1890 bereits 820.000. Und knapp vor dem Ersten Weltkrieg waren es zwei Millionen – etwas mehr als heute.

Kaffeetratsch

Babylonische Verwirrung herrscht um den Wiener Kaffee. Da sich mittlerweile in ganz Europa italienische Bezeichnungen einbürgern, sind auch in Wiener Kaffeehäusern die Begrifflichkeiten durcheinandergeraten: wer einen Mokka bestellt, erhält der Einfachheit halber meist einen Espresso. Der Cappuccino oder Kapuziner, in Wien traditionell mit Schlagobershäubchen serviert, kommt jetzt echt italienisch mit Milchschaum daher, dafür wird die Melange mal mit, mal ohne Schaumkrone serviert, der Verlängerte mit Sahnedöschen, und das alles ist noch gar nicht so schlimm. Denn erst wenn der Herr Ober nach „Tasse oder Kännchen?" fragt, sollte man das Etablissement schleunigst verlassen. Ein Wiener Kaffeehaus ist das nämlich bestimmt nicht.

Weltkulturerbe Österreich
Wien

Palais Ferstel

Nach 1918 erwachte Wien, die einstige „Mutter der Völker", um sich in einem urbanen Alptraum als Wasserkopf eines Kleinstaats wiederzufinden. Diese Rolle hat die Stadt inzwischen längst wieder abgelegt, hat gelernt, aus dem Vorhandenen Kapital zu schlagen, sei es als Welthauptstadt der Musik oder der Melancholie, sei es als Metropole des leicht schlitzohrigen Charmes oder der Wehmut, der barocken Prunksucht oder der biedermeierlichen Bescheidenheit.

Wer Wien dabei auf die Schliche kommen will, muss sich wahrscheinlich erst auf dem Hohen Markt um die weltbeste Burenwurst anstellen und im Café Landtmann hinterm Burgtheater einen Nachmittag versumpern, muss durch den Prater schlendern, das Schloss Belvedere besichtigen und sich in der Kapuzinergruft gruseln, ehe er merkt, dass Wien ihn zum Narren hält: das morbide und wehmütige Wien, das rückwärtsgewandte, vergangenheitsverliebte Wien ist eine Schimäre, vermutlich ein Konstrukt der Wiener selbst, die alle diese Mythen rund um ihre wunderschöne Stadt erfunden haben, nur um darin ungestört ihrer Wege gehen zu können, während man als Tourist immer bloß – im wörtlichen wie im übertragenen Sinn – an Fassaden entlangstreift.

Weltkulturerbe seit: 2001	
www.info.wien.at	
Anstrengendster Stadtblick: vom Turm des Stephansdoms (Höhe: 137 Meter) aus. Wer zu Fuß geht, muss 343 Stufen bewältigen.	
Bequemster Stadtblick: mit dem Lift auf den Donauturm (Höhe: 150 Meter)	
Langsamster Rundblick (vertikal): vom Riesenrad aus (Höhe: 61 Meter)	
Must see: Neben den üblichen Highlights (Stephansdom, Hofburg, Prater ...) locken zum Beispiel das Museumsquartier oder ein Heurigenbesuch (Tipp: vorzugsweise in Stammersdorf statt Grinzing)	

Begründung der Aufnahme der Wachau:

„*Die Architektur, die Besiedelung und die landwirtschaftliche Nutzung des Landstrichs Wachau illustrieren auf lebendige Weise eine ursprünglich mittelalterliche Landschaft, die im Laufe der Zeit eine organische, harmonische Verwandlung durchlaufen hat.*"

Weltkulturerbe Österreich
Wachau

36 Burgruine Aggstein mit Blick auf die Donau

Weltkulturerbe Österreich
Wachau

Stift Melk

Stift Göttweig

Krems, Steiner Tor

Mariandl
wohnt hier nicht mehr

„Eine Frau wie Mutti vergisst man doch nicht so einfach!", sagt Conny Froboess entrüstet zu Rudolf Prack, und zwar in dem Film „Mariandl", gedreht 1958 in der schönen Wachau. Rudolf Prack schämt sich dann auch wirklich sehr dafür, dass er Mutti, der er immerhin Conny verdankt, vergessen hat, und heiratet sie dann doch. Schließlich wusste man damals noch, was sich gehört. Derart gentlemanlikes Benehmen geriet aber bereits kurz darauf ins kollektive Abseits, denn die Wachau, in besagtem Film neben Titelrolleninhaberin Waltraud Haas eine durchaus gleichwertige Darstellerin, geriet ein paar Jahrzehnte in Vergessenheit. Schade, bei so viel Schönheit.

Natürliche (wie das Donautal, seine Auwälder, schroffe Felsformationen) und vom Menschen gestaltete Landschaftselemente (die Weinbauterrassen, Ortschaften und Stifte, Burgen, Ruinen) liegen miteinander im ewigen Beauty-Contest. Möglich, dass sich das Antlitz der Landschaft, wie das vieler Filmschauspieler, durch die allgegenwärtige Präsenz in all den 50er-Jahre-Filmen österreichischer Provenienz einfach abgenutzt hatte.

Jedenfalls war die Wachau lange Zeit weg vom Fenster wohlwollender Wahrnehmung, und wären da nicht in den siebziger Jahren ein

Rad-Dampfer, sozusagen

Muskelkraft ist auch was Schönes, und mit ihrer Hilfe erfahren sich Jahr für Jahr mehr Urlauber die Schönheiten der Wachau.

Der Donauradweg zählt ungelogen zu den Radklassikern in Europa.

Wer die ganze Strecke in Angriff nimmt, muss zwischen Passau und Wien immerhin 350 Kilometer bewältigen; eine schöne sportliche Herausforderung für Freizeitradler und ein Weg, gespickt mit landschaftlichen, kulturellen und kulinarischen Genüssen.

Den Gästen wird in dieser Hinsicht auch immer weiter entgegengekommen, Radverleih, Fähren und Schiffsfahrten flussaufwärts und natürlich Radwanderkarten erleichtern Trips zu den Stiften, Burgen und Schlössern der Wachau. Aber auch Abstecher ins Waldviertel oder ins romantische Kamptal werden empfohlen – ebenso wie zu den zahlreichen Heurigen der Region ...

Weltkulturerbe Österreich
Wachau

wahnsinniges und gerade noch verhindertes Kraftwerksprojekt gewesen und kurz darauf der große österreichische Weinskandal, hätte es wohl noch einige Zeit so weitergehen können. Nach 1985 aber wurde diese alte Kulturlandschaft wieder interessant – und zwar wegen der Sache, mit der hier alles begann: Wein.

Die Wachau bezeichnet die 36 Kilometer des Donautals zwischen Melk und Mautern und gilt als klassische mitteleuropäische Kulturlandschaft, geprägt durch ihre Weinterrassen, die langsam, im Lauf von Jahrhunderten, in mühevoller Arbeit in die Hügellandschaften gegraben wurden. Immerhin: Die Mühe lohnt sich, Wein und Obst gedeihen hier in unnachahmlicher Qualität. Einer der Gründe: Das Donautal ist nachweislich klimatisch begünstigt. Der Frühling beginnt bereits in der ersten Märzhälfte, die Zahl der Sonnentage ist insgesamt höher als im Rest des Landes. Da scheint es dann auch nur konsequent, dass die Wachau „Lächeln im Antlitz von Österreich" genannt wird.

Besiedelt ist die Wachau bereits seit der Altsteinzeit: Die berühmteste Wachauerin ist nur 11 Zentimeter groß, aber ansonsten üppig dimensioniert. Im August des Jahres 1908 kratzten in Willendorf Arbeiter beim Bau der Donauuferbahn prähistorische Objekte aus dem Lößboden, darunter die Kalksteinstatuette der „Venus von Willendorf", ein Fruchtbarkeitssymbol, das seit

Weltkulturerbe Österreich
Wachau

Dürnstein, Burgruine

Dürnstein

rund 28.000 Jahren in der Erde gelegen hatte. Der Name Wachau taucht erstmals in Urkunden aus dem 9. Jahrhundert auf, und zwar unter dem klangvollen Namen „Uuahouua". Welchen Ursprungs der Name ist, konnte bisher nicht geklärt werden. Fest steht, dass die Region nicht nur in kultureller, sondern auch in politischer Hinsicht lange Zeit eine besondere Rolle einnahm. Burgen wie die auf einem 300 Meter hohen Felsen gelegene Burgruine Aggstein sind noch heute beredte Zeugen ausgedehnter Machtkämpfe um die Kontrolle des Schiffsverkehrs auf der Donau. Der gefürchtete Jörg Scheck vom Wald soll dort im 15. Jahrhundert zahlreiche Gefangene vor die Wahl gestellt haben, sich von einer „Rosengärtlein" genannten Felsnadel in den Tod zu stürzen oder ebendort langsam zu verhungern. Und noch ein interessanter Aspekt kennzeichnet die Entwicklung der Wachau: Die überaus komplizierten Besitzverhältnisse bewogen den ansässigen Adel schon ab dem 14. Jahrhundert, gewisse Privilegien zugunsten des gemeinen Volks aufzugeben, so entstand eine „freie Thalschaft", die aus den Frondienst leistenden Winzern und Bauern freie Menschen mit entsprechendem Standesbewusstsein machte.

Daneben gedieh das religiöse und kulturelle Leben: In der Wachau finden sich kunsthistorische Juwelen wie Stift Melk, die Kartause

44 *Schloss Schönbühel*

Weltkulturerbe Österreich
Wachau

St. Michael

Marienpforte, Maria Laach (mit einer gotischen Madonna, deren rechte Hand sechs Finger aufweist), die Pfarrkirche von Spitz, das unverwechselbare barocke Augustiner-Chorherrenstift in Dürnstein, Stift Göttweig und zahlreiche weitere Sehenswürdigkeiten neben idyllischen Ortschaften wie Mautern und Schwallenbach, Spitz, Joching oder Krems. Ihnen allen gemein ist die Ruhe und Schönheit, die auch einen ausgewiesenen Verstandesmenschen wie Franz Grillparzer zum Schwärmen brachte über dieses „vom Silberband der Donau umwundene Land". Bei all der hier so üppig ausgegossenen Romantik soll aber nicht vergessen werden, dass die Wachau heute auch als Tourismusregion wieder bestens im Geschäft ist. Zum einen über den Weintourismus, der mit Zugpferden wie Jamek, Hirtzberger, Rudi Pichler, den Freien Weingärtnern Wachau, dem Nikolaihof, dem Dinstlgut Loben oder Emmerich Knoll eine kaufkräftige, qualitätsbewusste und unternehmungslustige Klientel anzieht, zum anderen mit Kulturveranstaltungen und attraktiven Freizeitangeboten etwa für Radwanderer. Mariandl wohnt hier nicht mehr – die 50er-Jahre Beschaulichkeit hat man hinter sich gelassen. Aber eine Frau wie Mutti vergisst man natürlich trotzdem nicht – vor allem dann, wenn sich diese Ahnfrau des österreichischen Tourismus so zeitgemäß und modern zu präsentieren weiß.

Weltkulturerbe seit: 2000

www.wachau.at

Besonderheit: Charakteristisch für die Wachau sind die Blickbeziehungen und Sichtachsen zwischen den Monumenten: Von Stift Melk über Schloss Schönbühel, die Ruinen Aggstein, Dürnstein und Hinterhaus erstreckt sich bis zum abseits gelegenen, aber weithin sichtbaren Stift Göttweig ein einzigartiger Ausblick.

*Begründung der Aufnahme
des Neusiedlersees:*

„*Der Fertö/Neusiedlersee ist seit acht Jahrtausenden Treffpunkt verschiedener Kulturen. Das zeigt sich anhand seiner vielfältigen Landschaft, Ergebnis eines evolutionären und symbiotischen Prozesses menschlichen Zusammenwirkens mit der Umwelt.*"

Weltkulturerbe Österreich
Neusiedlersee

48 Rust

Weltkulturerbe Österreich
Neusiedlersee

Flugtourismus am Lake Nuusill

Mit der jungen Amerikanerin ins Gespräch zu kommen ist nicht schwer. Nein, sie fliegt nicht zum ersten Mal nach Österreich, sie war schon einmal da. Wo? Na, in Vienna natürlich, tolle Stadt, so much history, auch die Leute seien längst nicht so grantig wie im Reiseführer zu lesen, leider habe sie nur ein paar Tage Zeit gehabt. Konnte sie sich in Österreich dann überhaupt noch etwas anderes anschauen?
Aber natürlich: den Lake Nuusill, ein toller Trip!
Lake Nuusill?
Ja genau, im Börgenlend!
Hin und wieder hält das Leben eben Überraschungen bereit. Da denkt man, für Gäste aus Übersee zählten bloß Wien und Salzburg, Innsbruck und die alpinen Skiparadiese – aber Liz aus Boston ist fasziniert von Flugtouristen aus aller Herren Länder: von Reihern und Löfflern, Säbelschnäblern und Regenpfeifern, Möwen und Gänsen, Zwergtauchern und Großtrappen, Bussarden, Falken, Adlern und all den anderen Vogelarten, die hier – mal als Dauerbewohner, mal als Durchreisende – anzutreffen sind. Einmal ganz abgesehen von zahlreichen anderen und teilweise extrem seltenen Tier- und Pflanzenarten in der Region rund um den Lake Nuusill, den Neusiedlersee, Österreichs östlichst gelegenes und wahrscheinlich seltsamstes Gewässer.

Weltkulturerbe Österreich
Neusiedlersee

Reiher im Schilfgürtel bei Illmitz

Abendstimmung am Neusiedlersee

Der Neusiedler See ist ein Steppensee im westlichsten Pannonien. Nicht nur die nationale Grenze zwischen Österreich und Ungarn, auch die geographische Grenze zwischen Ost- und Mitteleuropa verläuft mitten durch ihn hindurch. Mit ein Grund, weshalb die Aufnahme des Neusiedler Sees (ungarisch: Fertö) und seiner Randbereiche auf die Weltkulturerbe-Liste von Ungarn und Österreich gemeinsam betrieben wurde. Der einzigartige Natur- und Landschaftsraum an der Schnittstelle mehrerer Kultur-, Natur- und Sprachräume und Klimazonen, die ein Aufeinandertreffen von Tieren und Pflanzen aus alpinen, pannonischen, asiatischen, mediterranen und nordischen Gebieten begünstigt, ist damit ein tatsächlich grenzüberschreitendes Projekt.

Gespeist wird der See von Wulka und Kroisbach – zwei Rinnsalen, die viel zu schwach sind, um den Wasserspiegel des Sees konstant zu halten. Man nimmt daher an, dass es größere unterirdische Zuflüsse geben muss – und höchst wahrscheinlich sind diese Quellen stark mineralhaltig. Das würde den hohen Salzgehalt des Sees und seiner Nebengewässer erklären.

Frühere Annahmen, der See sei ein Überbleibsel des Urmeers Tethys, gelten in der Wissenschaft längst als fragwürdig. Heute geht man eher davon aus, dass die Bildung des Seebeckens auf geologische Verschiebungen zurückzuführen ist. Das allerdings erklärt noch immer nicht, woher das viele Wasser kommt.

Die östlich des Sees gelegene Steppenlandschaft des Seewinkels ist geprägt von mehr als 60 kleinen Stehgewässern, den sogenannten Lacken, und beherbergt eine einzigartige Flora und Fauna. Im Naturschutzgebiet „Lange Lacke" (benannt nach dem größten der Tümpel zwischen Feuchtgebieten, Trockenrasen, Eichenwäldern, Sandsteppen, Weideflächen, Wiesen und

Rettungsaktion

Der Seewinkel ist keine reine Naturlandschaft. Der ursprüngliche Laubwald wurde im Laufe der Jahrhunderte gerodet und in ausgedehnte Weideflächen verwandelt – die sogenannten Hutweiden dienten als gemeinsame Weide für den Viehbestand ganzer Dörfer. Als die zunehmende Technologisierung diese Form der Landwirtschaft unrentabel machte, wurde ein großer Teil der Weiden in Ackerland umgewandelt. Doch bereits 1965 begann der WWF rund 500 Hektar Weideland zu pachten, um die ansässige Tier- und Pflanzenwelt zu erhalten. Gemeinsam mit dem Naturschutzgebiet der Lacken bilden diese unter Teilnaturschutz stehenden Hutweiden (die heute unter WWF-Beteiligung auch wieder bewirtschaftet werden) wichtigen Lebensraum für die Fauna und Flora des Seewinkels.
Der WWF führt auf Anfrage durch die betreffenden Gebiete.
Anfragen unter Tel. 021 75/31 49.

Weltkulturerbe Österreich
Neusiedlersee

Schilfernte

Salzstandorten) sind vor allem die Vögel – je nach Saison sind Tausende und Abertausende Zugvögel zu beobachten – mittlerweile eine enorme Touristenattraktion. Mehr als eine halbe Million Menschen pro Jahr besucht den Neusiedler See und seine Umgebung. In traditionell fremdenverkehrsträchtigen Gegenden wie Tirol verzeichnet man in guten Jahren zwar fast das Zwanzigfache, aber der Neusiedler See ist als Tourismusregion schließlich noch sehr jung.

Vor gar nicht allzu langer Zeit nämlich galt die Gegend als durchaus unattraktiv. Das damalige Deutschwestungarn scheint den Erholungssuchenden in der Zeit der vorletzten Jahrhundertwende zuwenig Abwechslung geboten zu haben. Die Sommerfrische verbrachte man jedenfalls lieber auf dem Semmering oder im Salzkammergut.

Dort gab es wenigstens „richtige" Seen: Traun- und Attersee, Mond- und Grundlsee – mit sauberem Wasser und ringsum Almwiesen und Gebirgen, von denen aus man die schimmernden Gewässer betrachten konnte.

Der Neusiedler See hingegen – eine trübe graue Brühe, der man nicht auf den Grund sehen kann, obwohl die Wassertiefe eineinhalb Meter kaum übersteigt. Und anstatt am Ufer zu verweilen und den Blick friedvoll über das Wasser gleiten zu lassen, konnte man den Steppensee im burgenländischen Flachland kaum erkennen – er ist umgeben von einem dichten, oft hunderte Meter breiten Schilfgürtel. Rund die Hälfte der 230 Quadratkilometer Seefläche ist von Schilf bedeckt.

Den Bewohnern der Region diente das Schilf lange Zeit als Baumaterial für Dächer und Viehunterstände. Heute sieht man nur noch selten schilfgedeckte Häuser – und wenn, sind sie meist touristisch genutzt. Das ist kein schlechtes Zeichen: Der Fremdenverkehr in der Region wird oft als Musterbeispiel für den sanften Tourismus angeführt (vielleicht auch gerade deshalb, weil er als Wirtschaftszweig recht jung ist und die Fehler anderer Regionen bereits offensichtlich waren). Man setzt heute durchwegs auf kleinräumige Strukturen, verzichtet großteils auf Massenbetrieb und Folklorehölle und forciert Freizeitsportarten, die keine größeren Eingriffe in die Natur verlangen wie etwa Wandern, Skaten, Reiten und Radeln (etwa im „Zweiländer-

Wasser und Wein

Die Region um den Neusiedler See zählt zu den ältesten Weinbaugebieten in Europa. Bereits die Kelten kelterten hier vor rund 3000 Jahren Wein; die Römer und später christliche Mönche etablierten die Anbautradition im Land. Das ist auch würdig und recht so; das heiße pannonische Klima beschert der Region bis zu 1900 Sonnenstunden jährlich – mit den fruchtbaren Böden rund um den See sind das die besten Voraussetzungen für die Erzeugung edler Tropfen. Besonders in den letzten beiden Jahrzehnten wurden gewaltige Qualitätssprünge verzeichnet; bei den Süßweinen zählen die burgenländischen Winzer längst zur Weltspitze, und auch bei den Rotweinen erweist sich die Anbauregion Neusiedler See als immer stärker konkurrenzfähig: neben Traditionssorten wie Zweigelt oder Blaufränkisch versuchen sich die Weinbauern nun auch an Pinot noir und Merlot, Cabernet Sauvignon oder Syrah.

Die Ergebnisse werden mittlerweile auf internationalen Verkostungen ausgezeichnet und in der Spitzengastronomie zu Höchstpreisen angeboten. Umso erfreulicher ist es da für die Konsumenten, dass beim Verkauf ab Hof nach wie vor ausgesprochen feine Weine zu ausgesprochen günstigen Preisen zu haben sind.

Weltkulturerbe Österreich
Neusiedlersee

eck" rund um den See), Baden, Windsurfen, Segeln oder Eislaufen.

Die beiden letzteren hatte wohl starken Anteil daran, dass der Tourismus rund um den Neusiedler See schließlich doch noch in Gang kam. Nach und nach entdeckten die Wiener, dass der See für den Sport geeignet war, und nach und nach entstanden Strandbäder, bis schließlich die Mär vom „Meer der Wiener" aufkam. Dabei sind am Seeufer abseits der touristischen Zentren wie Mörbisch, Rust, Neusiedl oder Podersdorf auch heute noch allerlei stille Flecken zu entdecken. Und die Schönheit der Hutweiden im Seewinkel und der Hügellandschaften des Alpenvorlandes schätzen nicht nur Gäste aus dem Ausland: Der überwiegende Teil der Urlaubsgäste kommt aus dem Inland, um die einzigartige Naturlandschaft der Region Neusiedler See zu genießen.

Mörbisch

Rust

Weltkulturerbe seit: 1997
Kerngebiet:
in Österreich insgesamt 100 km²: Teile des Nationalparks Seewinkel sowie Uferbereich und historisches Zentrum der Freistadt Rust
in Ungarn insgesamt 230 km²: Fertö-Hanság Nationalpark, die Siedlung Fertörákos, der Széchenyi-Palast in Nagycenk und das Esterházy-Schloss

Begründung der Aufnahme des Semmerings:

„Die Semmeringbahn repräsentiert die herausragende technologische Lösung eines grundlegenden physikalischen Problems im frühen Eisenbahnbau ... Mit der Erbauung der Semmeringbahn konnten Gebiete von besonderer Naturschönheit besser erreicht und in Folge für Besiedelung sowie Erholung erschlossen werden, was eine neue Form von Kulturlandschaft hervorbrachte."

Weltkulturerbe Österreich
Semmering

Weltkulturerbe Österreich
Semmering

Bahnhof Payerbach, alte Dampflock

Semmering: Eine Strecke für die Ewigkeit

Pläne gab es viele: eine Pferdebahn zum Beispiel, bestückt mit kräftigen Rössern, um Passagiere und Güter über den Berg zu bringen. Oder eine „atmosphärische Eisenbahn", angetrieben durch – Druckluft. Oder fix montierte Dampfmaschinen, mit deren Hilfe die Wagen per Seilzug über schiefe Ebenen transportiert werden sollten.

Einer aber beharrte auf der Eisenbahn. Und das, obwohl es damals noch gar keine Lokomotive gab, die mit einem ganzen Zug im Schlepptau die Steigung hätte bewältigen können. Karl Ritter von Ghega vertraute darauf, dass der technische Fortschritt in absehbarer Zeit die Konstruktion einer derart leistungsfähigen Zugmaschine ermöglichen würde. Er vertraute auch darauf, dass sich neue Instrumente und Vermessungstechniken entwickeln lassen wür-

60 Hotel Panhans

Weltkulturerbe Österreich
Semmering

den, um die Streckenführung zu vermessen (auch die gab es noch nicht). Und er setzte sich damit gegen alle jene durch, die ein derart waghalsiges Projekt für nicht realisierbar hielten. In den späten vierziger Jahren des 19. Jahrhunderts war die Südbahnstrecke, die Wien mit Laibach und Triest verbinden sollte, fast fertig. Doch zwischen Mürzzuschlag und Gloggnitz klaffte eine Lücke: der Semmering. Dringend sollte hier zusammengeführt werden, was zusammengehörte – besonders vor dem Hintergrund des Revolutionsjahres 1848, das der österreichisch-ungarischen Monarchie auch in Oberitalien Aufstände beschert hatte. Die Bahn musste her; nicht nur für den Transport von Gütern und Zivilisten, sondern auch für schnelle Truppenverschiebungen im Ernstfall.

Da sich noch dazu eine Massenarbeitslosigkeit anzubahnen schien, wurde rasch der Bauauftrag erteilt. Insgesamt 17.000 Arbeiter waren schließlich bei den sechs Jahre dauernden Bauarbeiten beschäftigt. Die 41 Kilometer lange Strecke sollte durch Schluchten und Gräben verlaufen, an bröckeligen Felswänden entlang, über Bergrücken und mitten durch den stark wasserhaltigen Stein hindurch: 15 Tunnels, 16 Viadukte und mehr als 100 Brücken umfasste schließlich die Strecke, errichtet quasi ohne Baumaschinen und, nicht zu vergessen, lange vor der Erfindung des Dynamits.

1854 wurde die Strecke eröffnet und international als Meisterleistung der Ingenieurskunst gefeiert, die erste Hochgebirgsbahn der Welt – und noch immer eine ihrer schönsten. Die Semmeringstrecke war von ihrem Planungsstadium an auch als „Landschaftsbau" verstanden worden, als harmonische Kombination von Technologie und Natur, die ein besonderes Reiseerlebnis bot.

Logisch also, dass die bis dahin abgelegene Region plötzlich für eine sich langsam formierende Gruppe interessant wurde: die der Touristen. Von der vorletzten Jahrhundertwende bis in die Zwischenkriegszeit blühte am Semmering der Tourismus. Man baute große Hotels und intime Kurhäuser, legte Vergnügungsstätten – vom Hallenbad über den Golfplatz bis zur Kaltwasserheilanstalt – an und genoss Sommerfrische und Wintersport abseits urbaner Hektik.

„Endlich keucht die Berglokomotive nach Station Semmering. Vor uns das dunkle Loch des steilummauerten großen Tunnels. Wir steigen aus. Wir atmen rasiermesserscharfe Bergluft ein. Wir sind geborgen und im Waldesfrieden. Hinter uns der Dunst des Getümmels, Getriebes. Alles kommt uns da unnötig vor, lächerlich. Wir sind tausend Meter über dem Dunkel der Großstadt ... Nichts ist hier langweilig, gleichgültig. Denn Lunge und Herz sind beglückt!

Rennlegende

Nicht nur die Bahn sorgte für Aufsehen in der Region: 1899 versammelte sich in Schottwien am Fuße des Semmerings erstmals ein Haufen Spinner in neumodischen Vehikeln: Motorcycles, Motorräder, dampfbetriebene Automobile, Benzinwagen und Elektromobile starteten bei einem Wettrennen, das die Semmeringstraße bis zum Hotel Erzherzog Johann auf der Passhöhe hinaufführte. Die Sandstraße, 10 Kilometer lang, führte in neun Serpentinen und bei durchschnittlich 10 Prozent Steigung den Berg hinauf. 22 Minuten brauchte dafür das schnellste Gefährt – ein Dreirad. Das schnellste Auto, ein Daimler mit sagenhaften 16 PS, schaffte die Strecke in 25 Minuten.

Das erste offizielle Rennen fand ein Jahr später statt; in den Jahren darauf wurde das Semmeringrennen zu einem internationalen Event, bei dem die bekanntesten Automobilhersteller von Mercedes, Steyr und Opel bis Alfa Romeo und Bugatti miteinander wetteiferten – in bis zu 200 PS starken Boliden und vor bis zu 50.000 Zuschauern.

6 Minuten und 13 Sekunden. Das war schließlich die Rekordzeit, aufgestellt 1930 von Hans von Stuck auf ADM Bergmeister, drei Jahre vor dem letzten Rennen. Heute hat man den Sexappeal der Strecke wieder entdeckt: Oldtimer-Fahrten erinnern an die große Zeit des Semmering-Bergrennens.

Weltkulturerbe Österreich
Semmering

Die Seele wird mitgerissen in die Einsamkeit und ergibt sich dem Bergfrieden!" Der Dichter Peter Altenberg, einer der bekanntesten Semmering-Liebhaber, macht sich hier schwärmerisch – und publikumswirksam! – Luft:
sein Buch „Semmering 1912" ging bereits 1919 in die siebte Auflage.
Altenberg residierte für gewöhnlich im Hotel Panhans. Wer es sich leisten konnte, baute sich in der Gegend ein Sommerhaus; Industrielle und Adel (darunter mehrere Erzherzöge) übersäten das Bergland zwischen Payerbach und Breitenstein, Spital und Maria Schutz mit prunkvollen Villen. Einer der bekanntesten Architekten seiner Zeit: Adolf Loos. Von seinen zahlreichen Projekten, darunter eine Schule und ein Hotel, wurde jedoch nur das Landhaus Khuner ausgeführt, heute eine Pension und weitgehend im Original erhalten.
Nach dem Zweiten Weltkrieg verlor die Urlaubsregion Semmering zusehends an Bedeutung; erst mit dem Massenphänomen Wintersport und mit der neuen Freizeitkultur rund um Reiten, Radeln, Laufen, Golfen ist der Tourismus wieder erstarkt.
Die Semmeringbahn selbst lässt das weitgehend unberührt, das Zauberische ist ihr geblieben, auch wenn sie nach wie vor zu den wichtigsten Bahnstrecken Österreichs zählt. (Wohl oder übel – ein Basistunnelprojekt, das die Südbahnverbindung beschleunigen würde, wird politisch seit Jahren in Schwebe gehalten.) Also zuckelt man, für heutige Verhältnisse mehr als gemütlich, durch Weinzettelwand- und Polleroswandtunnel, über den Schwarzaviadukt und die Kalte Rinne den Berg hinauf, freut sich im Sommer über die meergrünen Hügel, bestaunt im Winter den Rauhreif-Zauber der Fichtenwälder und träumt sich zurück in jene Zeit der Unschuld, in der die Technik noch Wunderwerke vollbrachte und der Fortschritt als kulturelle Leistung noch nicht fragwürdig war.

Weltkulturerbe seit: 1999

www.semmering.at

Strecke: Gesamtlänge 41 Kilometer, Höhenunterschied 460 Meter.
16 (urspr. 15) Tunnel (darunter der 1.431 Meter lange Scheiteltunnel), 16 Viadukte (mehrere zweistöckige), mehr als 100 gewölbte steinerne Brücken, 11 kleine Eisenbrücken.
60 Prozent der Streckenlänge haben eine Steigung von 20–25 Prozent.
Die Strecke ist fast durchwegs gekrümmt, der engste Schienenradius beläuft sich auf 190 Meter.

Begründung für die Aufnahme der Altstadt von Graz

„Das historische Zentrum von Graz zeichnet künstlerische und architektonische Strömungen aus dem deutschen Raum, dem Balkan und dem Mittelmeerraum nach, als deren Kreuzungspunkt die Stadt jahrhundertelang diente. Die besten Architekten und Künstler dieser unterschiedlichen Regionen fanden hier zu kraftvollem Ausdruck und brillanter Synthese ... Der städtische Komplex, der das historische Zentrum von Graz bildet, ist ein außergewöhnliches Beispiel für das harmonische Zusammenspiel architektonischer Stilrichtungen aus unterschiedlichen Epochen. Jede Ära wird durch typische, vielfach meisterhafte Bauwerke repräsentiert. Glaubwürdig erzählt das Stadtbild die Geschichte seiner historischen Entwicklung."

Weltkulturerbe Österreich
Graz

66 Landhaus, Arkadenhof

Weltkulturerbe Österreich
Graz

Fassadendetail in der Sauraugasse

Hofbäckerei Edegger

Stiege auf den Schlossberg

Dornröschen ist erwacht

Wie viele Stufen sind es hinauf zum Uhrturm auf dem Grazer Schlossberg? Gar keine, wählt man den Aufgang vom Karmeliterplatz (oder, noch besser, den Schlossberglift, der pfeilschnell mitten durch den Berg nach oben schießt). Zu viele, wählt man den Aufgang über den Friedenssteig vom Schlossbergplatz. Aber das ist alles egal, wenn man schnaufend an der Brüstung steht und beglückt hinunterblickt auf das spitzige rote Wogen der Dächer von Graz.

Die Grazer Altstadt zählt zu den schönsten des mitteleuropäischen Raumes; das war den Grazern schon lange bekannt. Noch nicht so lange ist es amtlich, dass die Altstadt von Graz zu den schönsten und schützenswertesten der Welt gehört; unter besonderer Berücksichtigung der geschlossenen Dachlandschaft wurde der Stadtkern von Graz zum Weltkulturerbe erklärt.

„Unter den Städten Europas von vergleichbarer Größenordnung (ca. 250.000 Einwohner) gehört Graz gewiss zu jenen, deren städtebauliches Gesicht und deren architektonische Substanz sich einschließlich der Dachlandschaft ungewöhnlich gut und geschlossen erhalten haben." So steht es schon anno 1979 im Lieblingsbuch der Kunstreisenden, dem „Dehio".

Dort wird auch benannt, was der Staunende im Schatten des Grazer Wahrzeichens zu sehen bekommt: enge Gassen, die plötzlich zu Plätzen

Grazer Italianitá

Fiele plötzlich jemand, was natürlich niemandem jemals zu wünschen wäre, aus dem Raum-Zeit-Kontinuum und würde von einem günstigen Schicksal nach Graz verschlagen: er könnte durchaus meinen, die kosmische Störung habe ihn nach Italien getragen. Nicht nur wegen der beiden jungen Frauen, die sich kichernd nach ihm umdrehen und ihn aus dunklen Augen mustern. Und nicht nur wegen der Osterie und Trattorie, die ein Blick in die Runde mühelos erfassen könnte, oder wegen der vielen Illy- und Segafredo-Schilder über den Cafétüren: Graz ist geprägt von italienischer Lebenskultur.
(Vor allem, seit die Grazer immer öfter gehört haben, ihre Stadt habe so was Südliches, eine Leichtigkeit und Lebensfreude, eine Italianitá eben. Seit sie das wissen, sind die Grazer seeehr italienisch geworden. So italienisch sind nicht einmal alle Italiener.
(Manchmal wundert man sich fast, dass hier noch steirisch gesprochen wird.)
Italienisch geprägt ist Graz seit dem 16. Jahrhundert. Damals kamen Künstler und Architekten wie Pietro de Pomis oder Antonio Pozzo nach Norden, um ihre Baukunst hier auszuüben. Sie waren die ersten, die Graz sein südliches Flair, sein italienisches Gepräge gaben. Hat sich das nun bis heute erhalten oder ist es neu erstanden? Fest steht, dass die Liebe der Grazer zu ihren südlichen Nachbarn sich auf sie selbst und auf ihre Besucher auswirkt: Grazer, behaupten Gäste aus dem Norden, gestikulierten lebhafter, unterhielten sich lauter – und außerdem beherberge die Stadt die schönsten Frauen Österreichs. Klischees? Vermutlich – aber Graz lebt ganz gut damit ...

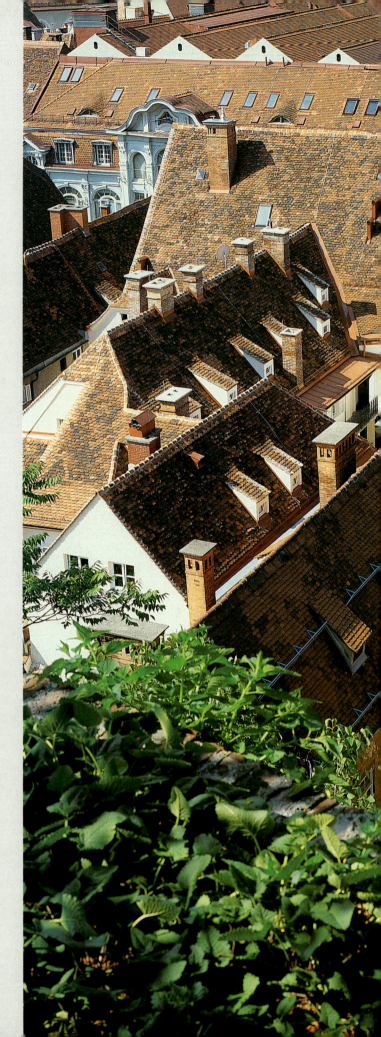

Dachlandschaft

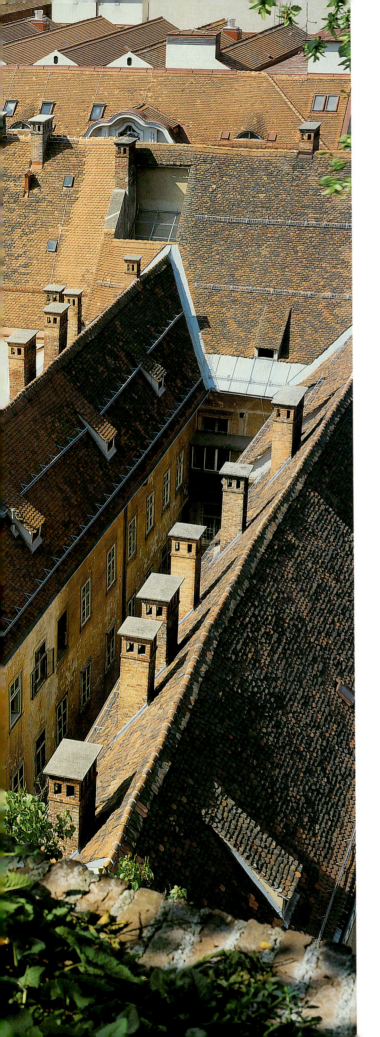

Weltkulturerbe Österreich
Graz

aufplatzen, und darüber zum Beispiel Schopfwalm- und Doppelschopfwalmgiebel, Grabendächer, Fußwalmdächer ... In solchen ungeschlachten Wörtern schwingt eine eigene Poesie. Und erst, wenn sie verklungen ist, beginnt man darüber nachzudenken, was, bedeckt vom roten Wogen, in den Häusern wohl schon alles passiert sein mag: Wie viele sind da schon geboren worden? Wie viele gestorben?

Wie viele Auseinandersetzungen sind in den Kammern ausgetragen worden, wie oft trat jemand ans Fenster, um einen Abschiedsbrief zu lesen? Wie viele Frauen haben ihren Liebsten unten auf der Gasse lächelnd zugewunken, wie viele Verzweifelte haben sich aus den Fenstern gestürzt? Wer hat in diesem Hauseingang da hinten wen erdolcht, damals, im 16. Jahrhundert? Und sieht man von hier oben das Haus, in dem man sich, kaum zwanzig, mit seiner damals großen Liebe die Mansarde teilte? Unter den Dächern ruht die Geschichte, ruhen die Geschichten von Graz.

Das älteste Haus der Stadt, der Reinerhof, wurde 1164 erstmals urkundlich erwähnt; der älteste Verkehrsweg, die Sporgasse, erstmals im 14. Jahrhundert genannt.

Graz, am Fuße des Schlossbergs am Flüsschen Mur gelegen, entwickelte sich in der ersten Hälfte des 2. Jahrtausends nur langsam. Doch im 15./16. Jahrhundert mauserte sich das

Weltkulturerbe Österreich
Graz

unscheinbare Städtchen plötzlich. Graz erhielt eine Universität und wurde Residenzstadt von Innerösterreich. Als Verkehrsknotenpunkt, der die pannonischen, südosteuropäischen und norditalienischen Siedlungsräume miteinander verband, gewann die Stadt an Ansehen und Größe. Italienische Architekten und Baumeister errichteten im Auftrag des Adels Renaissancebauten, die Graz noch heute das Gesicht geben.

Da ist etwa das Landhaus mit seinem fast duftig wirkenden Arkadenhof und dem einmaligen Zeughaus – der weltweit größten Sammlung mittelalterlicher Waffen und Harnische.

Das Joanneum, benannt nach dem Habsburgerprinzen Erzherzog Johann, der dieses steirische Landesmuseum begründete.

Das Schloss Eggenberg, erbaut nach geheimnisvollen kosmischen Regeln: 365 Fenster, 12 Türme, 24 Prunkräume und weitere versteckte Zahlenspielereien prägen den prunkvollen Bau.

Warum sind so viele dieser Gebäude in Graz erhalten? Eine mögliche Begründung: Mit der Abwanderung des kaiserlichen Hofes nach Wien sank Graz in politische Bedeutungslosigkeit. Das konservierte die Bausubstanz.

Erst im 19. Jahrhundert, nachdem Napoleon die Schleifung der (niemals eingenommen, aber nach Verhandlungen aufgegebenen) Schlossbergfestung und der Stadtmauern verfügt hatte, veränderte sich der Charakter der Stadt,

Weltkulturerbe Österreich
Graz

Dom

Mausoleum

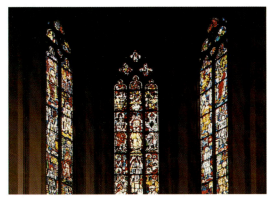
Franziskanerkirche

rund um das Zentrum siedelten sich wohlhabende Leute an, die den italienischen Charakter der Stadt schätzen und hier ihren Ruhestand genießen wollten. Das trug Graz den Spottnamen „Pensionopolis" ein.

Noch heute sind trotz der Stadtentwicklungsprozesse der letzten 200 Jahre die Spuren der Renaissance, aber auch des Barock und des Mittelalters im Stadtzentrum unübersehbar. Gleichwohl hat sich Graz besonders im letzten Jahrhundert stark verändert.

Nach dem Zweiten Weltkrieg von wesentlichen Einzugsgebieten abgeschnitten, dämmerte Graz auf dem Abstellgleis vor sich hin, ehe eine kreative Explosion, hervorgerufen von Literaten, bildenden Künstlern, Architekten, Musikern den ausgedehnten Schönheitsschlaf der Murmetropole beendete.

Die Avantgarde von damals ist vielleicht müde geworden, hat aber bewirkt, dass Graz sich heutzutage nicht mehr nur auf das Konservieren der schönen Vergangenheit beschränkt. Das am besten sichtbare Zeichen setzen mittlerweile die zahlreichen Beispiele zeitgenössischer Architektur, die das Antlitz der Stadt heute ganz selbstverständlich mitprägen.

Weltkulturerbe Österreich
Graz

Stiegenkirche

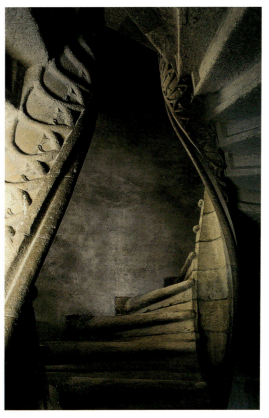

Burg, Doppelwendeltreppe

Weltkulturerbe seit: 2000

www.graztourismus.at

Besichtigungen: Dom, Zeughaus, Burg, Joanneum, Schloss Eggenberg, Kunsthaus (in Bau), Murinsel (in Bau), Murpromenade

Ein eigenes Kapitel für Graz ist der Schlossberg, um den herum die Stadt gebaut ist. Der grüne Felshügel, seit jeher Naherholungsgebiet in der Innenstadt, wird mehr und mehr in seinem Inneren erschlossen: ein Lift führt zum Grazer Wahrzeichen, dem Uhrturm, Luftschutzstollen aus dem Zweiten Weltkrieg werden zu Passagen und Kulturräumen, auch die einstigen Verliese (Kasematten) auf dem Festungsberg werden für Veranstaltungen genutzt.

Begründung für die Aufnahme von Hallstatt-Dachstein/Salzkammergut:

„Die Alpinregion Hallstatt-Dachstein/ Salzkammergut ... ist das herausragende Beispiel einer Naturlandschaft von außergewöhnlicher Schönheit und wissenschaftlichem Interesse und liefert überdies Beweise für Grundlagen menschlichen Wirtschaftens in harmonischer und auf das gegenseitige Wohl ausgerichteter Weise."

Weltkulturerbe Österreich
Hallstatt–Dachstein

78 *Hallstatt, Blick nach Obertraun*

Weltkulturerbe Österreich
Hallstatt–Dachstein

Dachstein & Hallstatt: Der Tod und das Städtchen

Hätten Sie gewusst, dass der Dachstein früher einmal reich besiedelt war? Hoch oben auf den kalten Plateaus findet man Schnecken, Muscheln und Korallen, fossilierte Überreste aus einer Zeit, in der es die Alpen noch lange nicht geben sollte: Das Urmeer Thetys überschwappte damals das heutige Mitteleuropa, und in seinen flachen Becken tummelten sich die Schnecken und Ammoniten, die in einem Jahrmillionen dauernden Vorgang auf fast 3000 Meter Seehöhe emporgehoben wurden. Rund 100 Millionen Jahre alt sind die Fossilien, die hier von überraschten Wanderern aufgelesen werden können.

Kaum 99,9999 Millionen Jahre jünger sind die zweitältesten wichtigen Besiedelungsspuren, die man in der Gegend gefunden hat. Und die einer ganzen frühgeschichtlichen Epoche der Menschheit ihren Namen gegeben haben. Bereits rund 1000 Jahre vor Beginn unserer Zeitrechnung lebte hier eine hoch entwickelte und wohlhabende Gesellschaft vom Salzabbau (übrigens auch eine Hinterlassenschaft von Thetys). Die Hallstattkultur zeichnete sich durch eine besondere technologische Leistung aus: den Einsatz von Eisenwerkzeug, mit dessen Hilfe das harte Gestein leichter zu bearbeiten war. Das kostbare Salz verkauften die Hallstätter Bergleute bis weit in den Süden, wanderten auf gefährlichen Saumpfaden über das Ge-

80 *Gosausee mit Dachstein*

Weltkulturerbe Österreich
Hallstatt–Dachstein

Gosausee mit Dachstein

Hallstatt, Marktplatz

Hallstatt

birge. Vertraut dürfte ihnen die Landschaft aber gewesen sein: Schon vor dieser ersten kulturellen Blütezeit wurde der Salzberg von Hallstatt wirtschaftlich genutzt. Und genauso lange – nämlich seit 4000 Jahren – zählt die Almwirtschaft in der Dachsteinregion zu den wichtigen Versorgungsmöglichkeiten der Menschen. Das kann sich jeder gut vorstellen, der Hallstatt schon einmal gesehen hat, eingezwängt zwischen Fels und Wasser. Beinahe sieht es so aus, als versuchte der Berg das barocke Städtchen in den See zu schubsen.

Um den Bedarf an Lebensmitteln zu decken, wurden also die Urweiden in den Gebirgen rings um Hallstatt genutzt, etwa auf dem östlichen Dachsteinplateau. Klimaveränderungen sorgten zwar immer wieder dafür, dass Hochalmen auf dem Dachstein aufgegeben werden mussten, dennoch ist der Berg übersät mit Steinfundamenten aus prähistorischer Zeit, aber auch mit Gefäßen, Pfeilspitzen, Schwertern, Viehglocken. Almen werden als Natur wahrgenommen. Dabei handelt es sich um Kulturlandschaften, entstanden aus – wie im Fall des Dachsteins – jahrtausendelanger Bewirtschaftung. Harte Arbeit übrigens, die mit der Almromantik des naturliebenden 19. Jahrhunderts wenig zu tun hat. Der „steirische" Habsburger Erzherzog Johann war einer der ersten, der die Almen mit wissenschaftlichem Interesse erkundete: „Die Arbeiten der Sendinn sind beschwerlich. Nebst Melken,

82 Dachstein-Rieseneishöle

Weltkulturerbe Österreich
Hallstatt–Dachstein

Dachstein-Rieseneishöhle

Salzbergwerk, Mann im Salz

Salzbergwerk, Grubenhunt

Butterrühren, Käsemachen, Reinigung der Geschirre und der Hütte usw. muß sie täglich um Futter (ins Gleck) gehen. Dieß ist das grünbe Futter, welches den Vieh beym Melken etwas gesalzen gereicht, oder für die Zeit von anhaltend schlechter Witterung gesammelt wird. Gleck schneiden, oder ins Gleck gehen, heißt, wenn die Sendinn auf sehr hohe und steile Stellen, wo das Vieh nicht hinkommt, ums Futter gehen muß. Dieser Gang ist oft lebensgefährlich, und, mit Steigeisen an den Füßen, steigt die kühne Sendinn auf die steilsten Höhen, um oft ein einziges dürftiges Grasplätzchen zu benützen. Mit der Sichel sammelt sie das Gras, fasst dann entweder das selbe in ein großes Tuch, und trägt es auf dem Kopfe, mit bedächtigem Schritte auf dem Steige folgend, den oft kaum die kecke Gämse zu betreten wagt, zu der Hütte herab.", notierte er 1834 nach einer Dachsteinwanderung.

Das harte Leben der Senner übt aber auch heute noch auf manche einen besonderen Reiz aus. Wenn etwa ein Dichter Käse produziert, muss er normalerweise mit harscher Kritik rechnen. Ausnahmen gibt es aber auch. Etwa im Fall des Dichters Bodo Hell, der seit Jahren seine Sommer als Senner auf der Grafenbergalm verbringt und dort einen bereits legendären Ziegenkäse herstellt. Zu Tal gebracht werden die Produkte der Almwirtschaften auch heute noch oft zu Fuß. So wie früher das Salz.

Herrn Ramsauers Entdeckung

Im Jahr 1846 entdeckte der Salinenbeamte Johann Georg Ramsauer in Hallstatt ein Gräberfeld: „Durch Öffnung einer Schottergrube im November 1846", notierte er, kam es „zur Entdeckung des noch unbekannten Leichenfeldes." Pedantisch genau führte er in der Folge über seine Grabungstätigkeit Buch, vermerkte Ort und Datum der Ausgrabung, nummerierte die Gräber, beschrieb Fundgegenstände, Lage und Umstände des Fundes, registrierte die Grabestiefe. Ein zweiter Hallstätter Bergmann, Isidor Engl, fertigte Skizzen von den Fundgegenständen an. In 17 Jahren förderten sie aus 980 Gräbern insgesamt 19.497 Objekte zu Tage.

Ohne die Arbeit der beiden hätte die Wissenschaft heute kein einigermaßen geschlossenes Bild über die prähistorischen Funde, die der Hallstattzeit und -kultur ihren Namen gaben. So anerkannt Ramsauers Leistungen heute sind, so belächelt wurde er zu Lebzeiten: als Sonderling, der ohne wissenschaftliche Ausbildung zu kulturellen und wissenschaftlichen Großtaten schreiten wollte. Die so genannte gute Gesellschaft selbst verfuhr anders mit den Funden. Eine gewisse Großherzogin Maria von Mecklenburg unternahm 1907 auf eigene Faust und unbehelligt eine Schatzsuche auf dem Gräberfeld.
Seit 1994 wird dort wieder gegraben – allerdings unter wissenschaftlicher Aufsicht: ein Team des Naturhistorischen Museums in Wien untersucht die prähistorische Stätte.

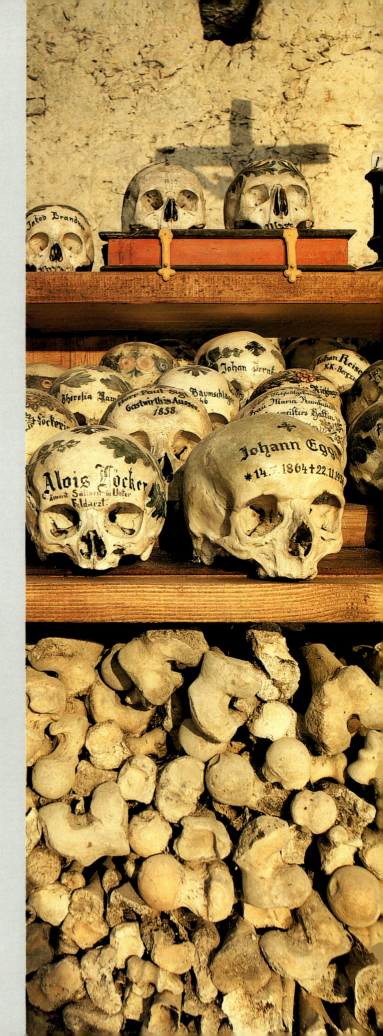

84 Hallstatt, Beinhaus

Weltkulturerbe Österreich
Hallstatt–Dachstein

Die Hallstätter „Kerntragerweiber" etwa trugen bis ins späte 19. Jahrhundert hinein große Steinsalzbrocken („Kern"), von ihren Männern abgebaut, in bis zu 70 Kilo schweren Butten vom Bergwerk ins Tal – zur Aufbesserung der Familieneinkünfte. Reich werden konnte man davon nicht. Alt auch nicht. Dabei konnte man sich in Hallstatt nicht einmal sicher sein, dass der Tod alle gleich macht: Nachdem auch auf dem Friedhof die Plätze knapp geworden waren, war Grab-Recycling notwendig: Brauchte man ein Grab für eine neue Beerdigung, wurden die Knochen des bisherigen Benutzers ins Beinhaus gebracht; im 18. Jahrhundert begann man, die Schädel der Verstorbenen zu bemalen und zu beschriften. So wurde die Identität – und auch die Individualität – der Familienmitglieder auch nach dem Tod sichergestellt. Rund 1.200 dieser bemalten Schädel sind im Karner von Hallstatt noch heute zu sehen. Eine schaurige Touristenattraktion, die als Tradition längst das Zeitliche gesegnet hat.

Hallstatt, Fronleichnams-Prozession

Hallstatt, Fronleichnams-Prozession

Weltkulturerbe seit: 1998
Kerngebiet: der Hohe Dachstein im Süden, Gosaukamm und Gosauseen im Westen, Gosauzwang im Norden und das Ostufer des Hallstätter Sees
www.hallstatt.net, www.salzwelten.at, www.dachstein.at
Schönster Blick auf Hallstatt: vom Hallstätter See aus, auf dem ein Linienschiff verkehrt
Besichtigungen: Marktplatz, Prähistorisches Museum, Evangelische & Katholische Kirche, Beinhaus, Friedhof, Schaubergwerk

Begründung der Aufnahme Salzburgs:

„Das Komitee ... misst der Stadt als wesentlichem Beispiel eines kirchlichen Stadtstaats in Europa herausragenden universellen Wert zu, da das eindrucksvolle Stadtbild, das historisch bedeutsame Gefüge und eine große Zahl herausragender kirchlicher und säkulärer Bauwerke aus mehreren Jahrhunderten außergewöhnlich gut erhalten geblieben sind. Die Stadt ist darüber hinaus durch ihre enge Verbindung mit den Künsten und im speziellen mit der Musik ihres berühmten Sohns Wolfgang Amadeus Mozart von Bedeutung."

Weltkulturerbe Österreich
Salzburg

88 *Salzburger Dom*

Weltkulturerbe Österreich
Salzburg

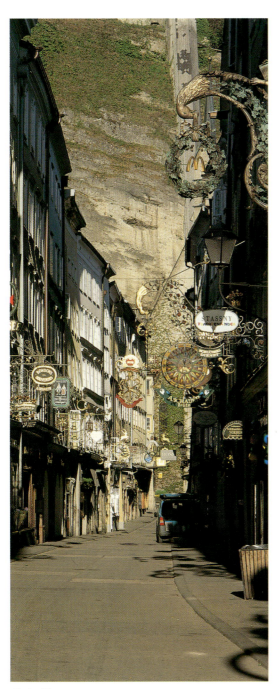

Getreidegasse

Salzburg forever

Es gibt in Österreich gezählte zwei Orte, an denen – jederzeit überprüfbar – in jeder Saison zu jeder Tages- und Nachtzeit Touristen anzutreffen sind: Der eine ist bei der Johann-Strauß-Statue im Wiener Stadtpark. Der andere ist die Getreidegasse in Salzburg.

Doch während Johann Strauß von den Touristen selig geknipst und von den Wienern weitgehend ignoriert wird, ist die Situation im zweiteren Fall weitaus komplexer.

Salzburg hat ein Problem: Die Stadt wird von zu vielen gerühmt, ist in zu vielen Büchern beschrieben, in zu vielen Filmen gezeigt worden. Das zieht nicht nur die Massen an, die sich Tag für Tag durch die Getreidegasse drängeln, das fordert auch Widerrede heraus. Wenn Salzburg immer mehr dem Bild zu ähneln beginnt, das sich die Touristen machen, dann ist Gefahr im Verzug, dann verwandelt sich Salzburg langsam in eine Disney-Version seiner selbst, in ein potemkinsches Dorf, das nur noch als Kulisse für die Durchreisenden taugt. Und das ist ein Problem, das die Salzburger ihrer Stadt bereiten. Denn während Touristen über die Schönheit des geschlossenen Altstadtkerns staunten, spielte sich hinter den Fassaden Dramatisches ab, wurden alte Häuser „entkernt" und Fassaden auf alt getrimmt. Damals, in den baulich fragwürdigen sechziger und siebziger Jahren.

90 *Schloss Mirabell*

Weltkulturerbe Österreich
Salzburg

Schloss Mirabell, Zwergerlgarten

Schloss Mirabell, Stiegenhaus

Dann aber protestierte eine Bürgerinitiative gegen die „demolierte Schönheit" der Altstadt; Ende der sechziger Jahre wurde zum Schutz des historischen Zentrums ein Altstadtgesetz erlassen. Mit ein Grund, warum die UNESCO die Altstadt von Salzburg zum schützenswerten Weltkulturerbe erklärte.

Die Stadt als solche ist gerettet, die Show jedoch hält auf anderer Ebene an. Mozartland allerorten, die Getreidegasse erstickt fast unter Pralinen und Likör, Püppchen und T-Shirts, Gipsbüsten und billigen CDs. Im Haus Nummer 9 ist der Rummel am größten. Bis zu 3000 Besucher verzeichnet Mozarts Geburtshaus pro Tag. Wer sich durch die Räume quetscht, wird nicht nur mit Dokumenten und Objekten aus Wolfgang Amadeus' Kindheit konfrontiert, sondern auch mit der Überraschung, dass eine gut situierte Bürgerfamilie im 18. Jahrhundert ganz schön beengt gewohnt hat.

1756, als Mozart geboren wurde, blickte die Stadt bereits auf eine lange Tradition zurück. Das älteste Haus in der Getreidegasse wurde 1258 erbaut; ihre erste Blüte erlebte die Stadt aber bereits knapp zwei Jahrtausende vor unserer Zeitrechnung: Salz war das Handelsgut, das die ersten Siedler anzog. Die Römer bauten das damals keltische Iuvavum aus, verließen es jedoch während der Wirren der Völkerwanderung. Im 6. Jahrhundert schließlich besiedelten die Bayern den Landstrich, und mit der Ernennung zum Erzbistum 798 begann der endgültige Aufstieg der Stadt zum spirituellen, geistigen, kulturellen und ökonomischen Zentrum der Region.

Salz wurde etwa nach Kärnten und nach Venetien geliefert, nach Böhmen, Schlesien und Franken. Das „Weiße Gold" brachte den Fürsterzbischöfen Reichtum und Macht ein. Auch die Bürger der Stadt profitierten vom Handel – wie

Wolf Dietrich ♥ Salome

So ist das Leben: Da ist man Erzbischof und Landesfürst, gebildet und ehrgeizig, da reüssiert man als absolutistischer Herrscher, da erstreitet man sich fast ein Salzhandelsmonopol, da tut man sich gegenreformatorisch als Verfolger der Protestanten hervor und setzt auf der anderen Seite erstaunlich moderne Schritte in Sachen Bildungs- und Sozialpolitik, du kleidet man als ausgeprägter Italienliebhaber eine ganze Stadt in südländischen Prunk, lässt einen Dom errichten und seine Residenz umbauen – und die Nachwelt erinnert sich woran? An eine amour fou!!!

Das war aber wohl eine besondere Liebe, die den Fürsterzbischof Wolf Dietrich von Raitenau mit Salome Alt verband. Der Mann, der Salzburg sein Gesicht gab, und die Bürgerstochter verfielen einander, so will es die Legende, bereits bei ihrer ersten Begegnung. Das muss im letzten Jahrzehnt des 16. Jahrhunderts gewesen sein. Es folgten: eine Scheinehe, die Erhebung der Braut in den Adelsstand (immerhin durch Kaiser Rudolf – was für Wolf Dietrichs Einfluss spricht) sowie 10 Kinder. Und: Der Bau des Schlösschens Altenau, das heute als Schloss Mirabell weltberühmt ist. Für den Umbau in die bekannte herrschaftliche Sommerresidenz sorgten allerdings Wolf Dietrichs Nachfolger auf dem Bischofsthron. Er selbst verbrachte seine letzten Jahre – nach einem verlorenen „Salzkrieg" gegen den Herzog von Bayern – eingesperrt auf der Festung Hohensalzburg. Seine öffentlich gemachte Liebe, damals ein unglaublicher Skandal, machte ihn für spätere Generationen zum romantischen Helden.

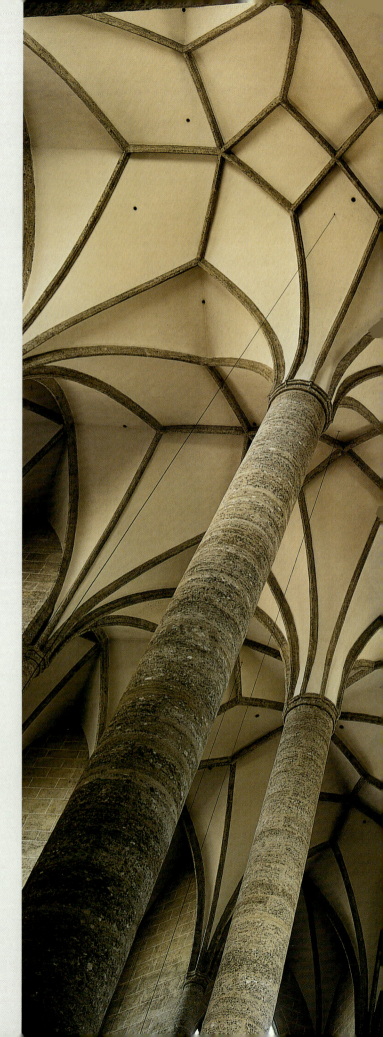

Franziskanerkirche, Gewölbe

Weltkulturerbe Österreich
Salzburg

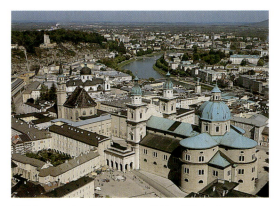
Blick von der Festung auf die Altstadt

Kollegienkirche

Bürgerspital

anhand der Stadt mühelos zu erkennen ist. Salzburgs historisches Zentrum zeugt in barocker Pracht ganz unverblümt vom Wohlstand seiner Bewohner, strahlt eine unvergleichlich charmante Kombination südlicher und alpiner Üppigkeit aus.

Die Stadt öffnet sich dem Besucher mühelos (auch während des berüchtigten Schnürlregens), die Kirchen und Klöster, die Gassen mit ihren lauschigen Höfen und stillen Gärten laden ein zur Besichtigung.

Eine Einladung, die in den meisten Fällen gerne angenommen wird, wo sich doch zwischen Mönchs- und Kapuzinerberg Stätten wie Dom und Residenz, die weltberühmte Felsenreitschule (Salzburgs Großes Festspielhaus) und die Pferdeschwemme, die einschüchternde Festung Hohensalzburg, das verspielte Hellbrunn und das liebliche Schloss Mirabell aneinanderreihen. Das alles kennt man aus Büchern und Erzählungen oder, wie viele Besucher aus Übersee, aus dem Filmklassiker „Sound of Music – Meine Lieder, meine Träume".

Der Film ist in Österreich nahezu unbekannt. Doch solange Salzburg sich nicht in diesem Film oder ähnlichen Klischees wieder erkennen muss, seine kulturellen Highlights bewahren kann und seine Musik die ganze Welt verzaubert, ist trotz Massenandrangs und Mozartkugelseligkeit eigentlich alles so ziemlich in Ordnung.

Weltkulturerbe Österreich
Salzburg

Mozart-Büste

Pferdeschwemme

Weltkulturerbe seit: 1997

www.salzburg.info, www.salzburgfestival.at

Salzburger Festspiele: Opern- und Schauspielproduktionen, zahlreiche Konzerte, dazu Lesungen, Symposien und Ausstellungen. Das Programm der Salzburger Festspiele umfasst seit jeher ein breit gefächertes Spektrum künstlerischer Darbietungen – vom traditionsreichen „Jedermann" am Domplatz bis zu international wichtig genommenen Musiktheaterproduktionen. Der Übermacht der sommerlichen Festspiele (unterstützt durch Oster- und Pfingstfestspiele, Mozartwoche etc.) versuchen seit geraumer Zeit anders ausgerichtete Veranstalter eigenständiges Programm entgegenzuhalten. Keine leichte Aufgabe bei solchen „Gegnern". Immerhin zwei Veranstaltungen, dem Tanzfestival „Sommerszene" und dem „Jazz Herbst" ist es inzwischen gelungen, überregionales Profil zu erlangen.

Blick vom Schloss Mirabell auf die Altstadt

96 Café Glockenspiel